«Orar por nu[...]
maravillosos [...]
El tiempo qu[...]
pidiéndole al [...]
por el otro. L[...]
vida de oración».

Aaron y Jamie Ivey**, (Aaron) pastor
de The Austin Stone Community Church;
(Jamie) autora; presentadora
de *The Happy Hour with Jamie Ivey*

«Cualquier pareja que esté buscando fortalecer su vida
de oración dejará escapar un suspiro de alivio por la
claridad, el gozo y la esperanza que traerá esta guía a
su vida de oración y su matrimonio. Me animo a decir
que, dentro de muchos años, las parejas que usen esta
guía la citarán cuando se les pregunte: "¿Cuál ha sido
la clave para tener un matrimonio saludable?"».

Phillip y Jasmine Holmes, (Phillip) director
de comunicaciones, Seminario Teológico
Reformado; (Jasmine) autora,
Mother to Son [De madre a hijo]

«A mi esposa Veronica y a mí nos han ENCANTADO
estos libros de *5 razones para orar…* Los usamos como
parte de nuestro tiempo habitual de devociones. Los
Kruger entrelazaron una gran riqueza de conocimiento
escritural con toda una vida de experiencia y un don
de aplicación pastoral. Usar este libro te bendecirá y
te transformará».

J.D. Greear, pastor, The Summit Church,
Raleigh-Durham, Carolina del Norte; autor,
Just Ask [Tan solo pide]

«Aquí tienes una guía sencilla, bíblica y práctica para ayudarte a orar por tu pareja, de parte de una pareja cristiana comprometida a orar el uno por el otro. Damos gracias a Dios por Melissa y Mike, y te recomendamos afectuosamente este libro».

Ligon y Anne Duncan, (Ligon) rector/director ejecutivo, Seminario Teológico Reformado

5 RAZONES PARA ORAR POR TU PAREJA

Oraciones que transforman
tu vida matrimonial

MICHAEL Y MELISSA KRUGER

PRÓLOGO POR NANCY GUTRHIE

5 RAZONES PARA ORAR POR TU PAREJA

Oraciones que transforman
tu vida matrimonial

MICHAEL Y MELISSA KRUGER
PRÓLOGO POR NANCY GUTRHIE

B&H
ESPAÑOL
BRENTWOOD, TENNESSEE

5 razones para orar por tu pareja: Oraciones que transforman tu vida matrimonial

B&H Publishing Group
Brentwood, TN 37027

Diseño de portada: B&H Español

Director editorial: Giancarlo Montemayor
Editor de proyectos: Joel Rosario
Coordinadora de proyectos: Cristina O'Shee

Clasificación Decimal Dewey: 306.872

Clasifíquese: ESPOSOS \ ESPOSAS \ ORACIÓN

ISBN: 978-1-0877-6807-6

Impreso en EE. UU.
1 2 3 4 5 * 26 25 24 23

CONTENIDO

PRÓLOGO
POR NANCY GUTHRIE

Creo que la mayoría de nosotros quiere orar por su cónyuge. Tenemos toda la *intención* de orar por nuestra pareja. Sin embargo, nos olvidamos de hacerlo. O, cuando nos acordamos, nuestras oraciones muchas veces se limitan a lo que queremos que suceda en sus vidas, a las cuestiones que a *nosotros* nos resultan urgentes. Y no siempre son las que más se necesitan ni las más apremiantes.

Este libro sencillo pero útil es una herramienta para ayudarnos a orar con más constancia, de manera más amplia y escritural por la persona más importante de nuestra vida: aquella a la que prometimos amar y respetar por encima de todas las demás. Michael y Melissa han proporcionado una guía escritural y un sistema útil para pedirle a Dios que haga lo que sabemos que a Él le agrada hacer en la vida de los que le pertenecen. Nos animan a acudir a la Palabra de Dios y a transformarla en oraciones a Él, al pedirle que haga cosas como desarrollar el fruto del Espíritu en el carácter de nuestro cónyuge, y orar para que Dios le dé un deseo de servirlo con gozo, la gracia para contentarse en medio de las dificultades y una perspectiva que le permita enfrentar el futuro con seguridad y esperanza.

Cada uno de nosotros puede hacer mucho por su cónyuge. Pero hay muchísimo que solo Dios puede hacer, muchísimo que solo Él puede desarrollar, y muchísimo que solo Él puede proveer. Entonces, oramos. Y a medida que oramos en vez de preocuparnos, que oramos en vez de quejarnos, que oramos en vez de diseñar estrategias, descubrimos que Dios no solo está obrando en nuestro pareja, sino también en nosotros. Está generando amor y gozo, paz y paciencia.

Este libro me ayuda a separar tiempo para pedirle a mi Padre que haga Su voluntad en la vida de aquel con el cual estoy compartiendo mi vida, y mi oración es que haga lo mismo contigo.

Nancy Guthrie
Escritora y maestra bíblica

INTRODUCCIÓN DE LA SERIE

Esta guía te ayudará a orar por tu pareja en 21 áreas y situaciones diferentes; ya sea que sean recién casados o que haga décadas desde su boda. En cada una de estas áreas, hay cinco cosas distintas por las que orar, así que puedes usar este libro de diversas maneras.

➤ *Puedes orar por un grupo de «cinco cosas» cada día, en el transcurso de tres semanas, y volver a empezar.*

➤ *Puedes tomar uno de los temas de oración y orar una parte cada día de lunes a viernes.*

➤ *O bien, puedes ir entrando y saliendo, cuando quieras y necesites orar por un aspecto particular de tu vida familiar.*

➤ *También hay un espacio en cada página para escribir los nombres de situaciones concretas, inquietudes o hijos que quieras recordar en oración.*

Cada sugerencia de oración se basa en un pasaje de la Biblia, así que puedes estar tranquilo de que, mientras uses esta guía, estarás haciendo grandes oraciones: oraciones que Dios quiere que pronuncies, porque están basadas en Su Palabra.

5 RAZONES PARA ORAR

ORACIONES PARA QUE DIOS...

LE DÉ GRACIA
A MI PAREJA

1 CORINTIOS 1:4-9

PUNTOS DE ORACIÓN:

_____

_____

_____

_____

Padre, te pido que le des a mi pareja...

 GRACIA PARA CREER

> *«Siempre doy gracias a Dios por ustedes, pues él, en Cristo Jesús, les ha dado su gracia» (v. 4).*

Solo por la gracia de Dios podemos creer y confiar en Cristo (Juan 3:5). Si tu pareja no es creyente, ora para que Dios abra sus ojos a la verdad del evangelio. Si ya es creyente, dedica un momento para alabar a Dios por darte un cónyuge creyente. Pídele al Señor que le dé un corazón agradecido por la misericordia que ha recibido en Cristo.

 GRACIA PARA DECIR LA VERDAD

> *«Unidos a Cristo ustedes se han llenado de toda riqueza, tanto en palabra...» (v. 5).*

La lengua es una herramienta poderosa que puede edificar o derribar. Ora para que Dios le dé a tu pareja la gracia para hablar palabras de misericordia, verdad y paz a todos los que encuentre, ya sea que se trate de amigos, vecinos, compañeros de trabajo o familiares.

 GRACIA PARA ENTENDER

«... como en conocimiento» (v. 5).

Sabemos que el conocimiento y el entendimiento espirituales no surgen de manera natural, sino que son dones de la gracia divina. Después de que Pedro reconoció a Jesús como el Mesías, Jesús le dijo: «eso no te lo reveló ningún mortal, sino mi Padre que está en el cielo» (Mat. 16:17). Ora para que Dios le conceda a tu pareja entendimiento espiritual y discernimiento teológico para que lleve una vida digna de Cristo.

 GRACIA PARA USAR LOS DONES ESPIRITUALES

«... no les falta ningún don espiritual...»
(v. 7).

Alaba a Dios porque no solo nos salva por Su gracia, sino que también nos prepara, mediante Su gracia, para usar nuestros dones espirituales para servirlo y bendecir a otros. Ora para que Dios le conceda dones espirituales a tu pareja en abundancia; ya sea el don de la enseñanza, el servicio, la generosidad o actos de misericordia. Después, pídele al Señor que le permita usar esos dones para extender el reino de Dios sobre la tierra.

GRACIA PARA PERSEVERAR

«Él los mantendrá firmes hasta el fin...»
(v. 8).

La vida cristiana no es fácil. Es una carrera larga en la cual nos podemos sentir cansados e incluso exhaustos, y desear darnos por vencidos. La única manera de llegar a la meta es mediante la gracia de Dios (Heb. 12:1-2). Ora para que Dios le conceda a tu pareja la resistencia y la perseverancia para correr la carrera cristiana con gozo y fidelidad, y para no ceder a la desesperación y el desaliento.

5 RAZONES PARA ORAR

ORACIONES PARA QUE DIOS...

PRODUZCA FRUTO ESPIRITUAL

GÁLATAS 5:22-23

PUNTOS DE ORACIÓN:

_____

_____

_____

_____

Padre, te ruego que tu Espíritu produzca este fruto en mi pareja...

 AMOR

> *«En cambio, el fruto del Espíritu es amor...»* *(v. 22).*

Alabado sea Dios porque, por Su Espíritu, Él nos da un nuevo corazón que da buen fruto. Aunque nuestro propio amor puede acabarse o secarse, el amor de Dios desborda y nos permite amarnos unos a otros, incluso en días difíciles, cuando tal vez nos sintamos desilusionados o descontentos en nuestro matrimonio. Ora para que tu pareja experimente de nuevo el amor de Dios, y que el amor de Dios sea la fuente del amor de tu cónyuge por los demás.

2 ALEGRÍA Y PAZ

> *«... alegría, paz...» (v. 22).*

Jesús les dijo a Sus discípulos: «En este mundo afrontarán aflicciones» (Juan 16:33). También les dijo que Él sería la fuente de su alegría y su paz en medio de las pruebas. Considera qué es difícil para tu pareja hoy y pídele a Dios que le dé gozo en cualquier circunstancia, y una paz que sobrepasa todo entendimiento.

 PACIENCIA, AMABILIDAD

«… paciencia, amabilidad…» (v. 22).

Hace falta paciencia para formar parte de cualquier familia. Vivir cerca de otros significa que podemos molestarnos o frustrarnos mutuamente. Ora para que tu pareja te tenga paciencia y te muestre amor. Además, ora para que tú muestres amabilidad y consideración mientras vives con él.

 BONDAD, FIDELIDAD

«… bondad, fidelidad…» (v. 22).

Alabado sea Dios porque Él es el autor de todo lo que es bueno, y es fiel en todo lo que hace. Cada uno de nosotros tiene momentos en el día en los que elige escuchar a Dios o hacer lo que mejor le parece. Hoy, ora para que tu pareja siga la Palabra de Dios y, con fidelidad, haga lo que es bueno: en su trabajo, su hogar y sus amistades.

 HUMILDAD, DOMINIO PROPIO

«… humildad y dominio propio…» (v. 23).

El dominio propio combinado con la humildad es algo que todos esperamos demostrar. Hoy, considera de qué maneras a tu cónyuge le cuesta mostrar dominio propio.

Tal vez les cuesta controlar sus gastos, limitar el tiempo frente a una pantalla o sentirse frustrado con otros. Ora para que el Señor le dé dominio propio para hacer lo correcto, y una actitud humilde para interactuar con los demás.

5 RAZONES PARA ORAR

ORACIONES PARA QUE DIOS...

GUARDE A MI PAREJA

SALMO 121

PUNTOS DE ORACIÓN:

_____

_____

_____

_____

Padre, te pido que guardes a mi pareja y que...

 SEAS SU AYUDADOR

> *«Mi ayuda proviene del Señor» (v. 2).*

Como vivimos en un mundo caído, tarde o temprano, tu pareja experimentará desafíos, dificultades y desánimo. Es solo cuestión de tiempo. Ora para que tu cónyuge no se concentre en los problemas, sino que acuda al Señor que hizo los cielos y la tierra. Dedica un momento para alabar a Dios por su poder y su fortaleza, y recibe la seguridad de que tiene la capacidad de ayudar a tu pareja en tiempos de necesidad.

 NO LO DEJES TROPEZAR

> *«No permitirá que tu pie resbale» (v. 3).*

Como la vida está llena de obstáculos y peligros, es demasiado fácil tropezar y caer cuando estamos en la travesía cristiana. Todos corremos peligro de resbalar espiritualmente. Sin embargo, servimos a un Dios que nos cuida perpetuamente, porque «jamás duerme ni se adormece» (v. 4). Ora para que Dios mantenga a tu pareja espiritualmente firme y bien arraigado en Cristo.

LE DES PROTECCIÓN Y CUIDADO

> *«De día el sol no te hará daño, ni la luna de noche»* (v. 6).

Dios no promete que los cristianos tendrán una vida fácil y perfecta. A menudo, está llena de pruebas y tribulaciones, persecución y sufrimientos. Pero, aunque el sol sea abrasador, el Señor es «tu sombra protectora» (v. 5). Ora para que le dé a tu pareja Su presencia y protección aun en medio de tiempos difíciles.

 ## LO LIBRE DEL MAL

> *«El Señor te protegerá; de todo mal protegerá tu vida»* (v. 7).

Nuestro mundo caído no solo está lleno de pruebas difíciles, sino también de personas malvadas. El salmista siempre le está pidiendo a Dios que lo guarde de las maquinaciones de sus enemigos. Ora para que el Señor proteja a tu pareja de los malvados que puedan querer hacerle daño, y lo defienda de cualquiera que desee atacar su carácter o manchar su reputación.

PROVEA MISERICORDIAS A DIARIO

> *«El Señor te cuidará en el hogar y en el camino...»* (v. 8).

Es fácil pensar que a Dios solo le importan las cosas «grandes» en nuestras vidas. Así que a menudo nos olvidamos de orar por las cosas cotidianas, las idas y venidas. Ora por la rutina diaria de tu pareja y pídele a Dios que lo sostenga, lo anime y lo proteja. Que Dios le recuerde que Sus misericordias «cada mañana se renuevan» (Lam. 3:23).

5 RAZONES PARA ORAR

ORACIONES PARA QUE...

NOS AMEMOS PROFUNDAMENTE EL UNO AL OTRO

1 CORINTIOS 13:4-6

PUNTOS DE ORACIÓN:

_____

_____

_____

_____

Padre, te pido que tu amor nos permita amarnos el uno al otro...

CON LIBERTAD

«... *El amor no es envidioso...*» *(v. 4).*

¡Alabado sea Dios por el amor que ha derramado en cada uno de nosotros en Cristo Jesús! Sin embargo, a menudo, cuando desconfiamos de la plenitud del amor de Dios, la envidia se infiltra y produce descontento, querellas y conflictos (Sant. 4:1-2). En oración, considera cómo la envidia puede estar causando desacuerdos en tu matrimonio. Ora por una comprensión renovada del amor de Dios para ambos, de manera que puedan amarse mutuamente sin envidia.

CON HUMILDAD

«... *ni jactancioso...*» *(v. 4).*

¿De qué maneras te ves tentado al orgullo en tu matrimonio? Pídele a Dios que te ayude a creer en humildad, considerando las necesidades de tu pareja como más significativas que las tuyas. Ora para que el

Señor te permita ver Sus bendiciones sobre tu familia y alabarlo por ellas, en vez de jactarte de tus propios logros.

CON RESPETO

«No se comporta con rudeza…» (v. 5).

Es doloroso ver cómo nuestras palabras y acciones pueden lastimar al otro. Considera cómo puedes mostrarle honor a tu cónyuge con tus pensamientos, palabras y acciones. Si es necesario, confiesen sus pecados el uno al otro y pídanle a Dios que los perdone. Pídele a Dios que los ayude a ti y a tu pareja a crecer en el respeto y el amor mutuo.

DE MANERA GENEROSA

«… ni orgulloso. […] no es egoísta» (vv. 4-5).

También es fácil buscar satisfacer nuestros propios deseos sin considerar los de nuestro pareja. Ora pidiendo un espíritu generoso en tu matrimonio, y para que Dios los lleve a parecerse cada vez más a Cristo en su amor mutuo. Ya sea que se trate de elegir un restaurante para cenar, de hacer la cama o decidir quién sacará la basura, ¿cómo puedes amar a tu pareja hoy de manera generosa?

CON GRACIA

«… no se enoja fácilmente, no guarda rencor» (v. 5).

A menudo, guardamos largas listas de heridas pasadas y afrentas cometidas. Los viejos agravios despiertan nuevos conflictos dolorosos con las palabras: «Recuerda cuando hiciste esto o aquello». Ora para que el Señor les dé un profundo amor por el otro que no se enoje fácilmente y muestre gracia en lugar de guardar rencor.

RAZONES PARA ORAR

ORACIONES PARA QUE...

SIGAMOS EL DISEÑO DE DIOS PARA EL MATRIMONIO

EFESIOS 5:22-33

PUNTOS DE ORACIÓN:

_____

_____

_____

_____

Padre, te ruego que en nuestro matrimonio…

HONREMOS TU DISEÑO

> *«Esposas, sométanse a sus propios esposos […]. Esposos, amen a sus esposas…»* (vv. 22, 25).

En el principio, Dios hizo al hombre y a la mujer a Su imagen; iguales en valor, dignidad e importancia (Gén. 1:27). Pero también hizo al hombre y a la mujer diferentes, e idóneos para distintos roles. Pídele a Dios que te dé la gracia para honrar el rol que te ha dado, y pide lo mismo por tu pareja.

AMEMOS DE MANERA GENEROSA

> *«… Cristo amó a la iglesia y se entregó por ella…»* (v. 25).

El matrimonio no se trata de lograr que tu pareja te dé lo que necesitas. Más bien, se trata de amar a tu cónyuge en forma sacrificada y hacer lo mejor para él. Cristo es nuestro ejemplo perfecto: Él no «vino para que le sirvan, sino para servir y para dar su vida en rescate por muchos» (Mar. 10:45). Ora para que Dios les dé a ti y a tu pareja una actitud sacrificada en su matrimonio.

3 CREZCAMOS EN SANTIFICACIÓN

«… para presentársela a sí mismo como una iglesia radiante, [...] santa e intachable» (v. 27).

Aunque el matrimonio es maravilloso, también puede ser muy difícil. Pero Dios puede usar estas dificultades como un medio para modelarnos y transformarnos más y más a la imagen de Cristo. Reflexiona en las maneras en que puedes necesitar crecer y cambiar en tu propio matrimonio. ¿En dónde has pecado? ¿En qué eres débil? Pídele a Dios que te revele estas cosas y te conceda el poder para cambiarlas.

4 ESTEMOS UNIDOS

«… los dos llegarán a ser un solo cuerpo» (v. 31).

En un mundo lleno de conflictos y contiendas, es difícil encontrar unidad. Lo mismo es verdad para el matrimonio. Si no tenemos cuidado, los desacuerdos y los conflictos se pueden instalar. Pídele a Dios que les conceda una unidad y una paz genuinas en su matrimonio. Ora para que el Señor los una de una manera nueva y especial. Además, dedica tiempo para alabar a Dios por tu pareja, enumerando todas aquellas cosas de tu cónyuge por las que estás agradecido.

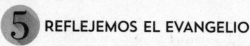

5 REFLEJEMOS EL EVANGELIO

«Esto es un misterio profundo; yo me refiero a Cristo y a la iglesia» (v. 32).

La razón de todas estas oraciones es que deseamos que nuestro matrimonio se parezca al vínculo entre Cristo y la iglesia. Ora para que tu matrimonio sea un testigo fiel del mensaje del evangelio: que Cristo se entregó por los pecadores para poder amarlos eternamente.

RAZONES PARA ORAR 5

ORACIONES PARA QUE...

HUYAMOS DE LA INMORALIDAD SEXUAL

1 CORINTIOS 6:13-20

PUNTOS DE ORACIÓN:

_____

_____

_____

_____

Padre, te ruego que nos ayudes a...

 ## EVITAR EL PECADO SEXUAL

> *«... el cuerpo no es para la inmoralidad sexual...» (v. 13).*

¡Alabado sea Dios porque somos una creación admirable! Dios creó la intimidad sexual y es una bendición. Dale gracias por este regalo en el matrimonio. Ora para que Dios proteja tu matrimonio de toda clase de inmoralidad sexual: pensamientos lujuriosos, apegos emocionales inadecuados y adulterio.

 ## HONRAR AL SEÑOR

> *«... sino para el Señor...» (v. 13).*

Dios es nuestro Creador, y nuestro cuerpos son para honrarlo. Ora para que el Señor los guarde de usar sus cuerpos para gratificar con egoísmo sus propios deseos (incluso en el matrimonio), y para que puedan glorificarlo. Pide fortaleza para servir a otros a medida que presentan sus cuerpos como sacrificios vivos, santos y agradables a Dios (Rom. 12:1).

CONFIAR EN EL SEÑOR

«Con su poder Dios resucitó al Señor, y nos resucitará también a nosotros» (v. 14).

Necesitamos la fortaleza del Señor. El mundo tiene incontables tentaciones: la pornografía, la lujuria y el adulterio parecen estar en todas partes. Pídele a Dios que fortalezca sus corazones mediante el poder de Su resurrección y los ayude a caminar en una nueva vida respecto a la sexualidad. Ora para que Su poder obre en sus vidas y les dé la libertad de obedecer Su Palabra.

 RECORDAR NUESTRA UNIÓN

«Pero el que se une al Señor se hace uno con él en espíritu» (v. 17).

Alaba al Señor porque están unidos a Cristo; regocíjate porque Su justicia cubre gratuitamente todo el pecado de aquellos que se arrepienten. Pídele a Dios que los ayude a tener siempre presente su unión con Cristo, así como la unión el uno con el otro. Ora para que esta conciencia los ayude a luchar por la pureza sexual.

 HUIR DE LA INMORALIDAD SEXUAL

«Huyan de la inmoralidad sexual» (v. 18).

Cuando estamos en grave peligro, sabemos que tenemos que huir. El pecado sexual es particularmente peligroso, porque es un pecado contra nuestro propio cuerpo. Ora para que sean rápidos para huir de cualquier forma de inmoralidad sexual. Pídele a Dios que mantenga sus pensamientos puros y sus acciones honorables; que puedan huir del pecado y correr en el camino de Sus mandamientos.

5 RAZONES PARA ORAR

ORACIONES PARA QUE...

SIRVAMOS A DIOS CON NUESTROS DONES

ROMANOS 12:3-8

PUNTOS DE ORACIÓN:

_____

_____

_____

_____

Padre, te ruego que nos ayudes a usar nuestros dones…

CON HUMILDAD

> «… *Nadie tenga un concepto de sí más alto que el que debe tener…*» *(v. 3).*

Los dones pueden transformarse con facilidad en una fuente de orgullo. Pero Pablo les recuerda a sus lectores que estos dones son producto de la gracia (v. 6). Así que, ora para que Dios los mantenga a ti y a tu pareja alejados del orgullo y la confianza en ustedes mismos, y que, en cambio, les permita usar sus dones con humildad y «buen juicio» (v. 3, LBLA). Pide que tus dones glorifiquen a Dios, en lugar de darte gloria.

CON FIDELIDAD

> «… *según la medida de fe que Dios le haya dado…*» *(v. 3).*

Es mediante la fe y la confianza que usamos los dones que Dios nos regaló. A veces, Dios da los dones que la iglesia precisa; no necesariamente los que deseamos. Ora para que el Señor te dé la seguridad de que tus dones son los adecuados para ti.

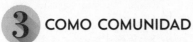 COMO COMUNIDAD

> *«… nosotros, siendo muchos, formamos un solo cuerpo en Cristo…» (v. 5).*

Dios no otorga dones espirituales tan solo para bendecir a una persona, sino para el bien de toda la iglesia mientras trabajamos juntos. Ora para que Dios les dé a ti y a tu pareja una iglesia sólida en la cual puedan servir y usar sus dones. O piensen en las maneras en las que ya están ejerciendo sus dones y pídanle a Dios que los use para bendecir a todo el cuerpo de Cristo.

DE MANERA DIVERSA

> *«Tenemos dones diferentes…» (v. 6).*

Aunque Dios desea que los dones espirituales traigan unidad, eso no significa que sean todos iguales. Ora para que Dios te ayude a apreciar no solo tus propios dones, sino también lo bueno de los dones de los demás. Dedica un momento para alabar a Dios por los dones de tu pareja, y dale gracias por las maneras en que los está usando para edificar Su iglesia.

CON FERVOR

> *«… Si el don de alguien es el de profecía, que lo use […]; si es el de prestar un servicio, que lo preste…» (vv. 6-7).*

Una cosa es tener dones espirituales, y otra muy distinta es usarlos con fidelidad y de manera activa. La tragedia es que muchos cristianos no son conscientes de sus dones, o no los usan. Pablo no quiere que cometamos ese error. Ora para que Dios le dé a tu pareja la energía y el fervor para usar sus dones, así como también las oportunidades y los medios dentro del cuerpo de Cristo para hacerlo.

5 RAZONES PARA ORAR

ORACIONES PARA QUE...

ABRAMOS NUESTRO HOGAR A OTROS

ROMANOS 12:13-18

PUNTOS DE ORACIÓN:

_____

_____

_____

_____

Padre, permite que nuestro hogar sea un lugar donde...

AYUDEMOS A OTROS

«Ayuden a los hermanos necesitados...»
(v. 13).

A veces, es difícil saber qué necesitan los demás. Pídele a Dios que les dé sabiduría a ti y a tu pareja. Ya sea que alguien necesite una palabra de aliento, una comida caliente, oraciones sinceras o ayuda financiera, ora para que Dios les muestre cómo contribuir en su iglesia, su vecindario y más allá.

MOSTREMOS HOSPITALIDAD

«... Practiquen la hospitalidad» (v. 13).

Alaba a Dios porque te ha dado un lugar al cual llamar tu hogar. Aunque es natural que queramos que nuestro hogar sea un refugio y un lugar de descanso para nuestra familia, ora para que tu casa también sea un lugar cálido y agradable donde invitar a otros. Que los demás encuentren alegría al sentarse a tu mesa, no porque la decoración sea perfecta ni la comida sea *gourmet*, sino porque experimenten el amor de Cristo. Pídele a Dios que transforme tu casa en un lugar donde los que están solos encuentren una comunidad, donde los que sufren encuentren consuelo, y los cansados encuentren reposo.

 HAYA ALEGRÍA

> *«Alégrense con los que están alegres...»*
> *(v. 15).*

Es un regalo tener amigos con los cuales podemos reír y alegrarnos. Queremos que nuestros hogares sean un lugar donde se celebren los ascensos del trabajo, las bodas, los bebés y los cumpleaños con una profunda alegría en las bendiciones de Dios. Ora para que tu hogar esté lleno de una rica comunidad y para que se alegren con los demás mientras comparten sus vidas.

 SE LLORE

> *«... lloren con los que lloran» (v. 15).*

Hay muchísimas circunstancias difíciles en esta vida. Los amigos sufren como resultado de la angustia, el divorcio, la pérdida de un trabajo, el dolor físico, las dudas espirituales y el estrés financiero. Ora para que el Señor transforme tu hogar en un lugar de consuelo y cuidado. Pídele que te permita caminar junto a los seres queridos y compartir sus lágrimas mientras se duelen por circunstancias dolorosas.

5 SE VIVA EN ARMONÍA

«Vivan en armonía los unos con los otros...»
(v. 16).

Algunos días, parecería que todos están en desacuerdo con todos. Hay demasiada división y conflictos en nuestro mundo. Ora para que, en contraste, tu hogar sea un lugar de paz. Ora para que tu familia viva en armonía y busque estar en armonía con los demás. Pídele a Dios que los ayude a ser buenos vecinos y a servir a los demás con un amor y un cuidado similares a los de Cristo, y a «[vivir] en paz con todos» (v. 18).

5 RAZONES PARA ORAR

ORACIONES PARA QUE...

HONREMOS A DIOS CON NUESTRO DINERO

PROVERBIOS

PUNTOS DE ORACIÓN:

_____

_____

_____

_____

Padre, en cuanto al dinero, ayúdanos a…

DARLE A DIOS PRIMERO

«Honra al Señor con tus riquezas y con los primeros frutos de tus cosechas» (3:9).

Uno de los mayores peligros del dinero es que podemos empezar a pensar que, si lo ganamos, entonces nos pertenece. Por eso Dios nos llama a diezmarle una parte; es un recordatorio de que Él está primero en nuestras vidas, y no el dinero. Dedica un momento a alabar a Dios por Su bendición financiera en tu vida. Después, pídele que te ayude a separar lo que le corresponde primero, con la confianza de que Él proveerá lo que necesitas.

TRABAJAR CON ESFUERZO

«El perezoso no atrapa presa, pero el diligente ya posee una gran riqueza» (12:27).

Los humanos siempre están buscando un atajo hacia la estabilidad financiera. Queremos hacernos ricos rápido para poder relajarnos. Pero Dios nos recuerda que el trabajo esforzado, y no la pereza, es lo que lo honra.

Ora para que Dios les dé a ti y a tu pareja diligencia y perseverancia en su trabajo.

 AHORRAR CON SABIDURÍA

> *«El hombre de bien deja herencia a sus nietos…» (13:22).*

En cuanto al dinero, el mensaje de nuestro mundo suele ser gastar, gastar y gastar… disfrutar todo ahora. Pero el cristiano tiene una esperanza que va más allá de esta vida. Así que podemos ahorrar con diligencia y sacrificio para el bien de nuestros hijos. Pídele al Señor que les dé a ti y a tu pareja sabiduría con el dinero; que les muestre cuándo ahorrar, cuándo gastar y cuándo ser sabio al planear para el futuro.

 SER GENEROSOS CON LOS POBRES

> *«Oprimir al pobre para enriquecerse, y hacerle regalos al rico, ¡buena manera de empobrecerse!» (22:16).*

Aunque no es pecado tener dinero, Dios nos pide que no descuidemos a los necesitados. Pídele al Señor que les dé a ti y a tu pareja un corazón inclinado a los pobres, un espíritu generoso y un deseo de ayudar a los que los rodean. Ora para que encuentren la mayor alegría al ofrendar su dinero.

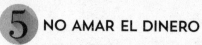

5 NO AMAR EL DINERO

«No te afanes acumulando riquezas; no te obsesiones con ellas» (23:4).

«Porque el amor al dinero es la raíz de toda clase de males» (1 Tim. 6:10). Considera si tienes que cambiar o arrepentirte en esta área. Pídele a Dios que guarde sus corazones del amor al dinero y que los mantenga centrados solamente en el amor de Cristo.

5 RAZONES PARA ORAR

ORACIONES PARA QUE
MI PAREJA...

HONRE A DIOS CON SU TRABAJO

COLOSENSES 3:22-4:1

PUNTOS DE ORACIÓN:

_____

_____

_____

_____

Padre, que mi pareja trabaje de manera que priorice…

LA OBEDIENCIA

«… obedezcan en todo a sus amos terre-nales…» (3:22).

Algunos tenemos jefes que saben guiar y a los cuales es fácil seguir, mientras que otros tienen jefes a los cuales es difícil o desalentador seguir. Pídele a Dios que le dé a tu pareja un líder de confianza y un buen jefe para el cual trabajar. Pero también ora para que obedezca el liderazgo de cualquier persona que Dios haya puesto sobre él, así como las leyes de su país, siempre y cuando honren y glorifiquen a Dios.

LA INTEGRIDAD

«… con integridad de corazón y por respeto al Señor» (3:22).

¡Alaba a Dios por el trabajo que le ha dado a tu pareja hoy! Aunque a veces podemos abordar nuestras tareas con quejas y murmuraciones, es una bendición tener trabajo. Ora para que tu cónyuge trabaje hoy con un corazón lleno de alegría y entusiasmo genuinos, y que sea de bendición y ánimo para otros. Pídele a Dios que anime a tu pareja y le dé gratitud mientras trabaja.

3 LA DILIGENCIA

«... trabajen de buena gana...» (3:23).

Mientras buscamos honrar a Dios con nuestro trabajo, esto desborda en nuestras acciones. Ora para que tu pareja trabaje en todos los aspectos de su trabajo con diligencia. Que esté dispuesto a recorrer la segunda milla, a trabajar con humildad y a servir a otros con su labor. Pídele al Señor que sustente a tu cónyuge en medio de su trabajo arduo y le permita disfrutar del descanso sabático cada semana como un regalo de Su parte.

4 EL SERVICIO

«... Ustedes sirven a Cristo el Señor» (v. 24).

Es tentador trabajar por el aplauso de los demás... ya sea un cliente o un colega. Sin embargo, nuestro objetivo supremo es honrar a Dios con nuestro trabajo, al recordar que trabajamos para agradarle. Ora para que el Señor ayude a tu pareja a recordar para quién trabaja realmente, y para que su trabajo glorifique a Dios.

5 LA JUSTICIA

*«Amos, proporcionen [...] lo que es justo
y equitativo, conscientes de que ustedes
también tienen un Amo en el cielo» (4:1).*

A veces, en nuestro trabajo, somos una autoridad para otros. Ora para que tu pareja sea un administrador sabio de todas las personas bajo su cuidado, que las trate con honestidad, justicia, paciencia y respeto. Ora para que lidere de tal manera que para los demás sea una alegría trabajar para él.

5 RAZONES PARA ORAR

ORACIONES PARA QUE MI PAREJA...

COMPARTA SU FE CON OTROS

MATEO 28:18-20

PUNTOS DE ORACIÓN:

_____

_____

_____

_____

Padre, te ruego que mi pareja sea un evangelista que...

CONFÍE EN LA SOBERANÍA DE DIOS

> *«... Se me ha dado toda autoridad en el cielo y en la tierra» (v. 18).*

A veces, la gente pregunta: «Si Dios es soberano, ¿para qué compartir tu fe?». Pero Jesús nos recuerda que Su autoridad divina es la única esperanza de que nuestra evangelización prospere. Ora por la evangelización de tu pareja, pidiendo que confíe en que Jesús tiene el control. Eleva a Jesús los nombres de sus amigos que están perdidos, pidiéndole que abra sus ojos con soberanía a la verdad del evangelio.

BUSQUE A LOS PERDIDOS

> *«Por tanto, vayan...» (v. 19).*

Pídele a Dios que le dé diligencia y valor a tu cónyuge para dejar lo que le resulta cómodo y alcanzar a los perdidos en donde están, en vez de esperar que estos se le acerquen. Ruega que Dios le dé oportunidades de compartir su fe dondequiera que vaya.

SE CONCENTRE EN EL DISCIPULADO

«... vayan y hagan discípulos...» (v. 19).

La verdadera evangelización no se trata solo de ganar conversos, sino de producir discípulos: hombres y mujeres que conozcan a Jesús y deseen seguirlo con fidelidad. El discipulado implica tiempo, energía y compromiso. Ora para que Dios le dé a tu pareja el deseo y la oportunidad de dedicarse profundamente a la vida de los demás. Pídele que guíe a tu cónyuge a las personas correctas que Dios quiere que discipule.

SE INTERESE POR LA IGLESIA

«... bautizándolos...» (v. 19).

El bautismo demuestra que una persona es parte de la iglesia visible de Cristo. En esencia, la Gran Comisión se trata de edificar la iglesia. Ora para que los esfuerzos evangelizadores de tu pareja también se concentren en eso. Alaba a Cristo por la promesa de edificar Su iglesia, sabiendo que las puertas del infierno no prevalecerán contra ella (Mat. 16:18).

ENSEÑE TODA LA VERDAD

«... enseñándoles a obedecer todo lo que les he mandado a ustedes» (v. 20).

Cuando testificamos de Cristo, a veces nos vemos tentados a omitir las partes controversiales. Pero Jesús nos recuerda que debemos enseñar todo lo que Él mandó. Ora pidiendo valor para decir la verdad, aun cuando no sea popular, y para que haya corazones abiertos que reciban esa verdad, aun cuando sea difícil.

5 RAZONES PARA ORAR

ORACIONES PARA QUE MI
PAREJA...

SE DELEITE
EN LA
PALABRA
DE DIOS

SALMO 119

PUNTOS DE ORACIÓN:

_____

_____

_____

_____

Padre, te ruego que tu Palabra le dé a mi pareja...

DELEITE

«En tus decretos hallo mi deleite...» (v. 16).

Puede ser fácil creer que el deleite se encuentra al disfrutar de un nuevo programa de televisión, un restaurante o una salida divertida con tu pareja. Aunque está bien disfrutar de estas cosas juntos, hay un gozo más profundo que puede encontrarse en la Palabra de Dios. Pídele a Dios que le dé a tu cónyuge un profundo deleite en la Palabra, confianza en Su verdad y esperanza en Sus promesas.

ENTENDIMIENTO

«Dame entendimiento para seguir tu ley, y la cumpliré de todo corazón» (v. 34).

¡Alabado sea Dios porque está dispuesto a enseñarnos Sus caminos! La Palabra de Dios es la fuente de todo conocimiento y entendimiento, y tiene que ser una bendición y no una carga. En oración, considera maneras en las que puedan buscar juntos a Dios pidiendo sabiduría de Su Palabra. Pídele que ayude a tu pareja a entender y aplicar Su Palabra en las decisiones que enfrente hoy.

 CONSUELO

> *«Este es mi consuelo en medio del dolor: que tu promesa me da vida» (v. 50).*

Todos necesitamos ser reconfortados. Ya sea que tu pareja sufra de algún dolor físico, dudas, depresión, problemas financieros o pruebas relacionales, ora para que la Palabra de Dios le ofrezca un consuelo específico para su situación hoy. Pídele al Señor que te dé palabras vivificantes de verdad para animarlo y reconfortarlo.

 GUÍA

> *«Tu palabra es una lámpara a mis pies; es una luz en mi sendero» (v. 105).*

A veces, el camino que tenemos por delante no parece claro, y las circunstancias son difíciles de entender. Aunque la Palabra de Dios quizás no diga algo específico para nuestra situación, sí nos guía con fidelidad. Ora para que tu pareja acuda a la Palabra de Dios en busca de guía hoy, y para que el Espíritu dirija sus pensamientos y acciones, y evite que camine en el sentido opuesto de la Palabra.

 ESPERANZA

> *«... en tus palabras he puesto mi esperanza» (v. 147).*

Agradece a Dios porque es fiel para cumplir Sus promesas. Aunque puede resultar tentador poner nuestra esperanza en un mejor trabajo, una casa más grande o unas vacaciones relajantes, ora para que tu pareja ponga su esperanza en Dios y no en las promesas menores de este mundo. Ora para que el Espíritu le recuerde la Palabra de Dios a lo largo del día, haciendo que su corazón desborde de la esperanza que permanece.

5 RAZONES PARA ORAR

ORACIONES PARA QUE MI PAREJA...

SEA SABIO

PROVERBIOS 13

PUNTOS DE ORACIÓN:

_____

_____

_____

_____

Padre, haz que mi pareja sea sabio con su…

 TRABAJO

> *«El perezoso ambiciona, y nada consigue;*
> *el diligente ve cumplidos sus deseos»* *(v. 4).*

A Dios le importa mucho cómo trabajamos. Ora para que tu pareja trabaje con energía, diligencia y perseverancia para la gloria de Dios, y que no sucumba a la tentación de tomar atajos y trabajar con desgano (Col. 3:23). Y pídele a Dios que produzca mucho fruto de su labor.

 DINERO

> *«El dinero mal habido pronto se acaba;*
> *quien ahorra, poco a poco se enriquece»*
> *(v. 11).*

Las personas pueden obsesionarse tanto con el dinero que hagan cualquier cosa para obtener más. Ora para que Dios ayude a tu cónyuge a abordar las cuestiones financieras con honestidad, integridad y paciencia. Pídele que le ayude a resistir la tentación del mundo de amar el dinero.

3 JUICIO

«El buen juicio redunda en aprecio, pero el camino del infiel no cambia» (v. 15).

Para sortear los muchos obstáculos de nuestro mundo, necesitamos sabiduría para juzgar entre lo correcto y lo incorrecto, lo bueno y lo malo. Ora para que tu pareja crezca en su comprensión de la Palabra de Dios, para que pueda tomar decisiones sabias y piadosas. Pídele que proteja a tu cónyuge de los caminos de destrucción y que lo guíe al camino de la vida.

4 AMISTAD

«El que con sabios anda, sabio se vuelve; el que con necios se junta, saldrá mal parado» (v. 20).

Ora para que el Señor le provea a tu pareja amistades profundas, significativas y piadosas que lo lleven a Cristo. Además, pide que el Señor lo proteja de las malas compañías de aquellos que pueden alejarlo de Cristo.

5 CRIANZA

«No corregir al hijo es no quererlo; amarlo es disciplinarlo» (v. 24).

La crianza es una de las tareas más maravillosas pero también más difíciles a la que podemos ser llamados. Si tienes hijos, pídele a Dios que te bendiga en tu crianza. En particular, pídele que ayude a tu pareja a ser diligente para disciplinar a tus hijos, pero también a hacerlo con sabiduría, bondad y paciencia.

5 RAZONES PARA ORAR

ORACIONES PARA QUE
MI PAREJA...

SE CONTENTE
CON ALEGRÍA

FILIPENSES 4:1-13

PUNTOS DE ORACIÓN:

_____

_____

_____

_____

Padre, que mi pareja encuentre su alegría en ti y...

SE ALEGRE

> «*Alégrense siempre en el Señor. Insisto:
> ¡Alégrense!*» (v. 4).

Dedica algo de tiempo a alabar a Dios por lo que Él es y por todo lo que ha hecho por ti en Cristo. ¡Alégrate en el Señor! Ora para que tu pareja experimente un gran gozo al adorar y alegrarse en Jesús. Que el gozo del Señor sea tu fortaleza.

LUCHE CONTRA LA ANSIEDAD

> «*No se inquieten por nada; más bien, en
> toda ocasión, con oración y ruego, presen-
> ten sus peticiones a Dios y denle gracias*»
> (v. 6).

La ansiedad se roba rápidamente nuestro gozo. ¿Por qué está ansiosa tu pareja hoy? Ya sea una situación laboral estresante, algún problema de salud o conflicto relacional, ora para que experimente la paz de Dios que guarde su mente en Cristo Jesús mientras se vuelve a Él en oración.

PROTEJA SUS PENSAMIENTOS

> *«... consideren bien todo lo verdadero, todo lo respetable, todo lo justo, todo lo puro, todo lo amable, todo lo digno de admiración, en fin, todo lo que sea excelente o merezca elogio» (v. 8).*

Es tentador gastar nuestra energía mental comparándonos con los demás o quejándonos de lo que nos falta. Pídele a Dios que ayude a tu pareja a llevar todo pensamiento cautivo a Cristo y a pensar en lo que es verdadero, respetable, justo, puro, amable y digno de admiración.

 ## APRENDA A CONTENTARSE

> *«... he aprendido el secreto tanto de estar saciado como de tener hambre, de tener abundancia como de sufrir necesidad» (v. 12, LBLA).*

En el matrimonio, experimentaremos tiempos de abundancia y tiempos de carencia. Algunos días, nuestras vidas estarán llenas de amor y de risa, mientras que otros, habrá tristeza y angustia. Ora para que tu pareja crezca en el contentamiento en toda circunstancia, para que Dios prepare su corazón para hacerle frente a toda dificultad que encuentre.

 ## CONFÍE EN JESÚS

> *«Todo lo puedo en Cristo que me fortalece» (v. 13).*

Es imposible contentarse en nuestras propias fuerzas. Necesitamos una fuente de refrigerio externa a nosotros mismos. Considera en qué le está costando contentarse a tu pareja. Ora para que aprenda a depender de la fuerza de Dios mientras busca contentarse en todas las cosas.

5 RAZONES PARA ORAR

ORACIONES PARA CUANDO...

SUFRIMOS PRUEBAS

SANTIAGO 1:2-4

PUNTOS DE ORACIÓN:

_____

_____

_____

_____

Padre, en medio de las pruebas, ayuda a mi pareja a…

CONFIAR EN TUS PROPÓSITOS

«*… cuando tengan que enfrentarse con diversas pruebas*» (v. 2).

Como vivimos en un mundo caído y roto, todos nos enfrentamos a diversas pruebas en algún momento de nuestras vidas. Sea cual sea la dificultad, Dios tiene un propósito. Ora para que tu pareja reconozca que las pruebas no son fortuitas, inesperadas o una señal de que Dios está en su contra. Pídele al Señor que tranquilice a tu cónyuge con la seguridad de que tiene un buen propósito para las pruebas que soportamos.

TENER DICHA

«*… considérense muy dichosos…*» (v. 2).

Aun en medio de las pruebas, es posible tener un verdadero gozo. No porque hagamos como si las pruebas no existieran, sino porque ponemos nuestra esperanza y fe en el Dios bueno que está detrás de las pruebas. Pídele al Señor que le dé a tu pareja un gozo sobrenatural mientras atraviesa esta temporada de sufrimiento.

Ora para que le dé un corazón de alabanza y acción de gracias por todas las bendiciones en su vida.

 AUMENTAR SU FE

> *«Pues ya saben que la prueba de su fe produce constancia» (v. 3).*

Para que los deportistas se vuelvan más fuertes o corran más rápido, tienen que exigir sus cuerpos a límites extremos. Tienen que ponerse a prueba. Lo mismo sucede con nuestra fe. Ora para que el Señor use estas pruebas para aumentar la fe de tu pareja de manera que confíe más en Dios y dependa de Él más plenamente, sabiendo que Dios lo ama y lo cuida de verdad.

 SER PERSEVERANTE

> *«Y la constancia debe llevar a feliz término la obra…» (v. 4).*

Hay algo que todo el mundo quiere en medio de una prueba: darse por vencido. Al igual que un corredor que está agotado, queremos detenernos. Ora para que Dios use estas pruebas para producir un grado extra de perseverancia en tu pareja; para que pueda aprender a seguir adelante en medio de la dificultad. Pídele al Señor que use esa constancia extra para producir fruto espiritual en otras partes de su vida.

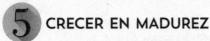

5 CRECER EN MADUREZ

«... para que sean perfectos e íntegros, sin que les falte nada» (v. 4).

El objetivo supremo de Dios para Su pueblo es que se parezca cada vez más a Cristo. Pídele al Señor que use estas pruebas para formar y moldear a tu pareja, de manera que sea un cristiano más maduro, preparado para cualquier cosa que encuentre en el camino.

5 RAZONES PARA ORAR

ORACIONES PARA CUANDO...

EXPERIMENTAMOS CAMBIOS, INCERTIDUMBRES O TEMOR

JOSUÉ 1:8-9

PUNTOS DE ORACIÓN:

_____

_____

_____

_____

Padre, cuando estemos experimentando cambios, incertidumbre o temor, que podamos...

MEDITAR EN LA PALABRA DE DIOS

> *«Recita siempre el libro de la ley y medita en él de día y de noche...» (v. 8).*

El cambio es difícil. La rutina es reconfortante y nos brinda seguridad. Ya sea que tengas que mudarte de ciudad, cambiar de carrera o traer a casa un nuevo bebé, el cambio es inquietante y difícil en el matrimonio. Ora para que la Palabra de Dios sea un ancla y un consuelo para tu familia en medio de la incertidumbre y el temor.

OBEDECER LA PALABRA DE DIOS

> *«... cumple con cuidado todo lo que en él está escrito...» (v. 8).*

El temor puede llevar a malas decisiones. Cuando nos preocupan las finanzas, estamos estresados por el trabajo o temerosos debido a un conflicto en una relación,

podemos pensar que la obediencia a Dios es demasiado cara. Ora para que, en medio de los temores, tú
y tu pareja confíen en Dios y hagan lo correcto, incluso
cuando esto puede tener un costo.

PROSPERAR

«Así prosperarás y tendrás éxito» (v. 8).

Muchos de nuestros temores giran en torno a nuestro
futuro. ¿Alguna vez saldaremos esta deuda? ¿Podremos
tener hijos? ¿Estarán bien nuestros padres? En oración,
confíale tus inquietudes a Dios, pidiéndole que haga
lo que es mejor. Ora para que te bendiga con lo que
necesitas para una buena salud espiritual; ni más, ni
menos (Prov. 30:8-9).

SER FUERTES Y VALIENTES

*«... ¡Sé fuerte y valiente! ¡No tengas miedo
ni te desanimes!...» (v. 9).*

Hay muchas cosas preocupantes en nuestro mundo...
es tentador cubrirnos los ojos y retroceder con temor.
Sin embargo, podemos batallar contra nuestros miedos
en oración y con valentía, pidiéndole al Señor que nos
fortalezca para enfrentar cualquier cosa. ¿Qué están
enfrentando hoy como pareja que les produzca ansiedad
o incertidumbre? Oren juntos para que tengan fuerza
y valor mientras le confían al Señor sus circunstancias.

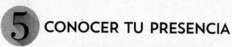

5 CONOCER TU PRESENCIA

«... Porque el Señor tu Dios te acompañará dondequiera que vayas» (v. 9).

A los cristianos no se nos promete una vida fácil, pero sí se nos promete que nunca estaremos solos en nuestras pruebas. ¡Alabado sea Dios! Ora para que tú y tu pareja experimenten la seguridad de la presencia de Dios en medio de los cambios y la incertidumbre.

5 RAZONES PARA ORAR

ORACIONES PARA CUANDO...

TENEMOS CONFLICTOS ENTRE NOSOTROS

EFESIOS 4:25-32

PUNTOS DE ORACIÓN:

_____

_____

_____

_____

Padre, si tenemos conflictos entre nosotros, que podamos...

HABLAR CON LA VERDAD

> *«... dejando la mentira, hable cada uno a su prójimo con la verdad...» (v. 25).*

En toda discusión, siempre está la tentación de exagerar los pecados de la otra persona y minimizar los nuestros. Ora para que Dios les permita hablar con la verdad en medio de los conflictos. Además, pídanle al Señor que les dé el valor de hablar con la verdad, incluso si es difícil o incómodo, sabiendo que es mejor ser sincero que sofocar la verdad y permitir que crezca la amargura.

RECONCILIARNOS RÁPIDAMENTE

> *«... No permitan que el enojo les dure hasta la puesta del sol» (v. 26).*

Cuando los conflictos no se resuelven, a veces pueden arraigarse. Como resultado, algunos conflictos pueden durar días, semanas e incluso años. Ora para que cualquier conflicto que enfrenten se resuelva lo más rápido posible. Pide la gracia para ser el primero en pedir perdón, el primero en perdonar y el primero en acercarse al otro.

3 DEJAR DE LADO TODA AMARGURA

«Abandonen toda amargura...» (v. 31).

Si un conflicto se desarrolla a lo largo de muchos años, la amargura suele instalarse. Los cónyuges pueden empezar a resentirse el uno contra el otro si las heridas son recurrentes. Ora para que el Señor evite que se forme una raíz de amargura en su matrimonio. Pídele al Señor que te revele en qué tienes que pedirle perdón a tu pareja por heridas pasadas.

4 SER BONDADOSOS

«Más bien, sean bondadosos y compasivos unos con otros...» (v. 32).

Alaba a Dios por Su bondad para ti hoy... aunque no hayas hecho nada para merecerla. Pídele que te dé un corazón tierno y afectuoso para con tu pareja, que se manifieste en actos sencillos de bondad hacia él cada día. Además, ora para que el Señor te muestre maneras tangibles de hacerle bien a tu pareja, aun si no siempre te trata de esa manera.

5 PERDONARNOS MUTUAMENTE

> «… perdónense mutuamente, así como Dios
> los perdonó a ustedes en Cristo» (v. 32).

Es difícil perdonar de verdad a los que nos han hecho
mal. A veces, incluso queremos retener el perdón. Regocíjate en que Cristo te perdonó cuando no lo merecías.
Ora para que Dios les dé tanto a ti como a tu pareja
un corazón que reconozca cuánto se les ha perdonado,
de manera que, a cambio, puedan perdonarse el uno al
otro sin reservas ni demora.

5 RAZONES PARA ORAR

ORACIONES PARA CUANDO...

TOMAMOS UNA DECISIÓN DIFÍCIL

ROMANOS 12:1-2

PUNTOS DE ORACIÓN:

_____

_____

_____

_____

Padre, al tomar esta decisión, ayúdanos a elegir lo que sea...

 SACRIFICADO

> *«... les ruego que cada uno de ustedes, en adoración espiritual, ofrezca su cuerpo como sacrificio vivo...» (v. 1).*

Tomar decisiones es difícil. Es tentador buscar la solución más fácil y cómoda. Sin embargo, en vista de la misericordia de Dios, somos llamados a presentar nuestro cuerpo como sacrificio vivo, dispuestos a seguir a nuestro Salvador en el camino de la cruz. Ora para que el Señor los ayude a ti y a tu pareja a elegir lo que da más honra a Su nombre, incluso cuando tenga gran costo.

 SANTO Y ACEPTABLE

> *«... santo y agradable a Dios» (v. 1).*

Alaba a Dios porque está contigo mientras tomas esta decisión. Él se interesa por tus necesidades y promete guiarte. Ora para que la decisión que tomas sea santa y agradable a Su vista. Pídele a Dios que les permita a ti y a tu pareja caminar de manera digna del evangelio mientras buscan agradarle.

 ## DISTINTO DEL MUNDO

«No se amolden al mundo actual…» (v. 2).

Resulta tentador tomar decisiones con las mismas prioridades y motivaciones que nuestros vecinos no cristianos. En oración, lleva los distintos elementos de esta decisión ante Dios, pidiéndole que te convenza de cualquier forma de pensar mundana mediante el poder de Su Espíritu.

 ## DE ACUERDO A TU PALABRA

«… sean transformados mediante la renovación de su mente…» (v. 2).

A medida que pasamos tiempo en la Palabra de Dios, esta nos cambia. Aunque quizás no se refiera específicamente a tu situación, irá aumentando tu discernimiento al enseñarte cómo vivir. En oración, pídele a Dios que transforme sus mentes y los guíe a lo que es correcto.

 ## PERCEPTIVO

«… Así podrán comprobar cuál es la voluntad de Dios, buena, agradable y perfecta» (v. 2).

El matrimonio puede ser difícil cuando hay desunión o desacuerdos respecto a alguna decisión; en particular, cuando esto supone cambios significativos. Es bueno y sabio buscar el consejo de pastores, mentores y amigos para ayudar a guiarlos a ambos. Ora para que el Señor les dé discernimiento espiritual y unidad en su matrimonio, mientras buscan hacer Su voluntad.

5 RAZONES PARA ORAR

ORACIONES PARA CUANDO...

SUFRIMOS ENFERMEDAD

SANTIAGO 5:13-16

PUNTOS DE ORACIÓN:

_____

_____

_____

_____

Padre, en medio de nuestros sufrimientos físicos, permite que…

NO SEAMOS SORPRENDIDOS

«¿Está afligido alguno entre ustedes?...»
(v. 13).

A veces, las enfermedades físicas nos sorprenden. Pero en un mundo caído y roto, estas enfermedades son de esperar. Ora para que Dios te dé paz respecto a tu salud, y para que no te inquietes, te preocupes ni te preguntes: «¿Por qué?». En cambio, ora para que tu enfermedad te recuerde por qué necesitamos al Señor Jesús: para resolver la maldición de pecado en el mundo.

OFREZCAMOS ORACIONES

«… Que ore…» (v. 13).

Dios es el Señor sobre toda la creación, incluidas enfermedades como el cáncer, la diabetes, la artritis y las enfermedades cardíacas. Él es el lugar supremo al cual acudir, sea cual sea la enfermedad que tú o tu pareja estén soportando. Así que acércate a tu Padre celestial en oración ahora, sabiendo que Él te escucha. Pídele que te dé una profunda confianza en Su poder y compasión. Ora también para que tu enfermedad te ayude a acercarte más a Dios en lugar de alejarte.

PIDAMOS AYUDA

> *«... Haga llamar a los ancianos de la iglesia...» (v. 14).*

Una cosa es sufrir una enfermedad, y otra es sufrirla solo. Gracias a Dios porque ha provisto a Su cuerpo —la Iglesia— para que sea una fuente de consuelo y ayuda en tiempos de necesidad física. Ora para que Dios use ancianos, pastores y amigos en tu vida para que te amen, oren por ti y te cuiden cuando estés sufriendo alguna enfermedad. Además, pídele al Señor que quite cualquier orgullo o duda que puedan evitar que pidas ayuda.

CONFIEMOS EN EL SEÑOR

> *«... el Señor lo levantará...» (v. 15).*

Aunque es importante la ayuda de los médicos y los amigos, nuestra mayor necesidad es la ayuda de Dios. Él es el que, en última instancia, sana nuestras dolencias... así que pídele que lo haga. Y pídele que, si no quita la enfermedad, provea la gracia para soportarla hasta el día en que resucites en gloria.

5 CONFESEMOS NUESTROS PECADOS

> *«... confiésense unos a otros sus pecados,
> [...] para que sean sanados» (v. 16).*

Aunque no todas las enfermedades se deben al pecado, algunas sí (Juan 5:14). Por lo tanto, un paso importante en el proceso de sanidad es estar dispuesto a confesar tus pecados. Pídele a Dios que les muestre a ti y a tu pareja áreas en las que necesitan volverse a Dios y a Sus caminos. Ora para que el Señor les dé el poder para cambiar, y que les recuerde que fueron perdonados completamente en Jesucristo.

5 RAZONES PARA ORAR

ORACIONES PARA CUANDO...

CRIAMOS HIJOS

DEUTERONOMIO 6:5-7

PUNTOS DE ORACIÓN:

_____

_____

_____

_____

Padre, mientras criamos una familia, ayúdanos a...

AMAR AL SEÑOR

«Ama al Señor tu Dios...» (v. 5).

No podemos enseñarles a nuestros hijos lo que no sabemos nosotros. Si queremos que obedezcan al Señor, nosotros necesitamos amar a Dios profundamente. Ora para que tú y tu pareja amen al Señor y se aferren a Él todos los días de su vida.

OBEDECER LA PALABRA

«... con todo tu corazón y con toda tu alma y con todas tus fuerzas» (v. 5).

Queremos mostrarles a nuestros hijos lo que significa amar al Señor con nuestro corazón y con nuestras acciones. Si nos escuchan decir: «Di la verdad» pero después nos oyen mentir, nuestras acciones hablarán más fuerte que nuestras palabras. Ora para que tu amor por el Señor te consuma y sea un ejemplo transformador para tus hijos, mientras sigues a Dios con todo tu corazón, toda tu alma y todas tus fuerzas.

CONOCER TU PALABRA

> *«Grábate en el corazón estas palabras que*
> *hoy te mando» (v. 6).*

Hacerte tiempo para leer, estudiar y meditar en la Escritura cada día como padre bendecirá a tus hijos. ¿De qué maneras tu corazón necesita cambiar en particular mediante la Palabra de Dios respecto a tu forma de criar? Ora por eso ahora.

 ## ENSEÑAR TU PALABRA

> *«Incúlcaselas continuamente a tus hijos»*
> *(v. 7).*

Ora para que tu tiempo invertido en enseñar a tus hijos sobre Dios esté lleno de maravilla y deleite, a medida que lean coloridos libros infantiles sobre Dios, entonen canciones que los ayuden a memorizar la Escritura y oren con ellos a diario. Pídele a Dios que les dé a ti y a tu pareja sabiduría, creatividad y diligencia para enseñarles a tus hijos hoy.

HABLAR DE TU PALABRA

> *«... Háblales de ellas cuando estés en tu*
> *casa y cuando vayas por el camino, cuando*
> *te acuestes y cuando te levantes» (v. 7).*

Hoy, dedica algo de tiempo para agradecer a Dios por los hijos que te ha dado... ¡cada uno es una bendición especial! En oración, pídele a Dios que te conceda momentos especiales durante el día para enseñar verdades espirituales. Pide oportunidades mientras van en auto, comparten alguna comida o juegan a algún juego para enseñar la Palabra de Dios a tus hijos. Ora para que el Señor les dé ojos para ver y oídos para oír la buena noticia del evangelio.

RAZONES
PARA ORAR

ORACIONES PARA CUANDO...

CELEBRAMOS BUENAS NOTICIAS

SALMO 100

PUNTOS DE ORACIÓN:

_____

_____

_____

_____

Padre, permítenos celebrar tus grandes bendiciones con…

ALEGRÍA

> *«Aclamen alegres al Señor, habitantes de toda la tierra» (v.1).*

¡Alaba a Dios por Su bondad para ti! Las vidas de los cristianos deberían estar marcadas por el gozo. Pablo lo dice sin rodeos: «Estén siempre alegres» (1 Tes. 5:16). Cuando recibas una buena noticia, no importa cuán pequeña sea, pídele al Señor que renueve la alegría en sus corazones, y que pueda desbordar a sus vidas.

CANCIONES

> *«… Preséntense ante él con cánticos de júbilo» (v. 2).*

Una de las maneras más naturales de ofrecer alabanza a Dios es mediante el poder de la canción. Una vez más, Pablo observa que esto debería caracterizar nuestras vidas: «Anímense unos a otros con salmos, himnos y canciones espirituales» (Ef. 5:19). Así que canten de todo corazón al Señor ahora con acción de gracias por las bendiciones que les ha dado. Oren para que el Señor use su canto para glorificar Su nombre y elevar su espíritu.

 LOS DEMÁS

> *«Entren por sus puertas [...]; vengan a sus atrios con himnos de alabanza...» (v. 4).*

Aunque podemos adorar a Dios en privado, es adecuado hacerlo en público cuando entramos «por sus puertas» y nos reunimos con el pueblo de Dios. Da gracias al Señor por aquellos que te aman y se regocijan contigo, y ora para que el Señor provea una comunidad profunda y enriquecedora de creyentes que puedan unirse a ti mientras celebran la bondad de Dios en tu vida.

 ACCIÓN DE GRACIAS

> *«... denle gracias...» (v. 4).*

Una de las señales de que una persona entiende la misericordia que se le ha mostrado es que ofrece acción de gracias. ¡Así que hazlo ahora mismo! Ora para que Dios quite cualquier ingratitud en tu corazón y la reemplace con una nueva postura de gratitud por Su bondad.

 VERDAD

> *«Porque el Señor es bueno...» (v. 5).*

No solo somos llamados a deleitarnos en lo que Dios hace, sino también en lo que Él es. Una de las principales maneras en que alabamos a Dios es cuando declaramos verdades sobre Él. Cuando afirmamos Su carácter, Sus cualidades o Sus obras, esto glorifica a Dios. Dedica algo de tiempo a pensar en todos los maravillosos rasgos de carácter de Dios (bueno, amoroso, misericordioso, etc.). Después, di en voz alta estos atributos como una declaración de alabanza a Él.